AF240140

# CATALOGUE

D'UNE JOLIE RÉUNION

# DE TABLEAUX

## ET DE PASTELS,

PAR

## M. DEDREUX DORCY,

DONT LA VENTE AURA LIEU

## RUE DES JEUNEURS, N° 42,

Le Samedi 13 Avril 1850,

Par le ministère de M° BONNEFONS DE LAVIALLE, Commissaire-Priseur à Paris,
RUE DE CHOISEUL, N° 11,

Assisté de M. FERDINAND LANEUVILLE, Expert, rue Caumartin, 44.

---

EXPOSITION PUBLIQUE

Le Vendredi 13 Avril 1850, de midi à 5 heures.

---

## PARIS

IMPRIMERIE ET LITHOGRAPHIE DE MAULDE ET RENOU,
RUE BAILLEUL, 9 ET 11.

—

1850

# CATALOGUE

D'UNE JOLIE RÉUNION

# DE TABLEAUX

## ET DE PASTELS,

PAR

## M. DEDREUX DORCY,

DONT LA VENTE AURA LIEU

## RUE DES JEUNEURS, N° 42,

Le Samedi 13 Avril 1850,

Par le ministère de M° BONNEFONS DE LAVIALLE, Commissaire-Priseur à Paris,

RUE DE CHOISEUL, N° 11,

Assisté de M. Ferdinand LANEUVILLE, Expert, rue Caumartin, 44.

· · · · · · · · · ·

## EXPOSITION PUBLIQUE

Le Vendredi 12 Avril 1850, de midi à 5 heures.

# PARIS

IMPRIMERIE ET LITHOGRAPHIE DE MAULDE ET RENOU,

RUE BAILLEUL, 9 ET 11.

1850

Au moment de mettre en vente une réunion de tableaux de M. DEDREUX DORCY, nous n'avons pas
besoin de recommander au public ce talent si fin et
si gracieux qu'il a su depuis longtemps apprécier et
adopter. Il n'est personne qui, en entendant son nom,
ne pense aussitôt à ce riant cortége de jeunes et ado-
rables figures, à ces charmantes têtes qui allient cons-
tamment le sourire ou les larmes à la plus exquise
distinction ; et si les artistes ne se lassent pas d'admi-
rer ce frais et suave coloris qui distingue ses tableaux,
les gens du monde y retrouvent avec bonheur cette
finesse d'expression tout aristocratique qui fait de
M. DEDREUX DORCY le peintre par excellence de la
bonne compagnie.

Ce catalogue ne fait la plupart du temps que don-
ner aux œuvres de M. DORCY, des numéros d'ordre,
le nombre et le genre des sujets, ainsi que leur con-
formité, nous ayant rendu impossible toute autre
espèce de classement.

## CONDITIONS DE LA VENTE.

Les acquéreurs paieront cinq pour cent en sus des
enchères applicables aux frais.

# DÉSIGNATION

# DES TABLEAUX.

## N° 1.

Jeune fille.

## N° 2.

Jeune fille.

## N° 3.

Jeune fille.

## N° 4.

—

Jeune fille.

## N° 5.

—

Jeune fille tenant une colombe dans ses mains.

## N° 6.

—

Jeune fille.

## N° 7.

—

Jeune fille avec un voile.

## N° 8.

—

Jeune fille.

## N° 9.

—

Jeune fille.

---

## N° 10.

—

Jeune fille.

---

## N° 11.

—

Jeune fille avec un ruban bleu dans les cheveux.

---

## N° 12.

—

Jeune fille.

---

## N° 13.

—

Tête d'enfant.

## N° 14.

—

Jeune fille avec une mantille noire.

---

## N° 15.

—

Jeune fille.

---

# PASTELS.

—

## N° 16.

—

Petite tête d'enfant.

---

## N° 17.

—

Jeune fille.

N° 18.

—

Jeune fille avec fleurs dans les cheveux.

N° 19.

—

Les deux sœurs.

N° 20.

—

Petite paysanne.

N° 21.

—

Jeune fille.

N° 22.

—

Jeune fille.

8

## N° 23.

—

Jeune fille avec mains.

N° 24.

—

Jeune fille.

N° 25.

—

Jeune fille avec une colombe.

N° 26.

—

Jeune fille.

N° 27.

—

Petite fille tenant des fleurs.

## N° 28.

—

### Jeune fille.

61

---

## N° 29.

—

### Jeune fille coiffée de feuilles de vignes.

97

---

## N° 30.

—

### Jeune fille.

---

## N° 31.

—

### Jeune fille.

18

---

## N° 32.

—

### Jeune fille avec roses dans les cheveux.

102

## N° 33.

Jeune fille.

---

## N° 34.

Jeune fille.

---

## N° 35.

Jeune fille.

---

## N° 36.

Jeune fille avec fleurs dans les cheveux.

---

## N° 37.

Jeune fille.

11

N° 38.

—

Tête d'enfant.

N° 39.

—

Jeune fille.

N° 40.

—

Jeune personne.

N° 41.

—

Jeune fille.

N° 42.

—

Jeune fille appuyée sur un tertre.

## N° 43.

—

Jeune fille.

## N° 44.

—

Jeune fille.

## N° 45.

—

Jeune fille avec mains.

## N° 46.

—

Jeune fille.

## N° 47.

—

Jeune fille.

## N° 48.

—

Jeune fille coiffée de feuilles de vignes.

## N° 49.

—

Jeune fille.

## N° 50.

—

Jeune fille.

## N° 51.

—

Jeune fille avec fleurs dans les cheveux.

## N° 52.

—

Jeune fille avec mains.

## N° 53.

—

Jeune fille avec mains.

N° 54.

—

Jeune fille avec mains.

N° 55.

—

Jeune fille.

N° 56.

—

Jeune fille avec une colombe.

N° 57.

—

Jeune paysanne.

15

N° 58.

—

Jeune fille.

N° 59.

—

Jeune fille.

N° 60.

—

Jeune fille.

N° 61.

—

Jeune fille.

N° 62.

—

Jeune fille avec mains.

## N° 63.

Jeune fille coiffée de feuilles de vignes.

## N° 64.

Petite fille.

## N° 65.

Jeune fille tenant son fichu.

IMPRIMERIE ET LITHOGRAPHIE DE MATIDE ET RENOU,
Rue Hannal, Sel 11

9 782329 077314